Kurt A. Bernecker

Bezaubernde Kränze und Buketts in Kreuzstich

rosenheimer

Dank

Autor und Verlag danken dem Möbelhaus Domicil in Kolbermoor, in dem die Innenaufnahmen gefertigt wurden, der Fa. Zimmermann, Haushaltswaren, Rosenheim, die das Geschirr zur Verfügung stellte, sowie der Fa. Karstadt Rosenheim, die uns den Stuhl für die Aufnahme auf Seite 25 lieh.

© 1992 by Rosenheimer Verlagshaus

ISBN 3-475-52733-2

Dieses Buch erscheint in der Reihe »Rosenheimer Raritäten« im Rosenheimer Verlagshaus Alfred Förg GmbH & Co. KG, Rosenheim. Alle Aufnahmen besorgte Fotodesign Eugen Mayer, Werbehaus Rosenheim. Die Zählmuster zeichnete Florian Cronauge, Plön. Die Gestaltung des Umschlages führte Ulrich Eichberger, Innsbruck, aus. Die Reproduktionen fertigte ColorLine in Verona. Das Buch wurde gesetzt von Satz-Studio Prechtl, Passau, gedruckt und gebunden bei Haßfurter Tagblatt, Haßfurt.

Vorwort

Warum ist der gebundene Kranz oder das liebevoll gestaltete Blumenbukett eigentlich so faszinierend? Es kann nicht die Blüte allein sein; es muß wohl damit zusammenhängen, daß der Kranz ein besonderes Bild von Harmonie und schöner Gestaltung darstellt, Elemente, die sich auch durch die Zuordnung von Blüten und Blattwerk im Bukett wiederholen.

Seit Jahren reizte es mich, diese harmonische Wirkung durch lebende Blumen und Blüten einmal umzusetzen in Kreuzstichentwürfe, bei denen so wenig wie möglich Lebendigkeit verlorengehen sollte.

Aus den vielen Ideen ist nun nach langer Arbeit das vorliegende Werk entstanden. Es war sehr reizvoll für mich, die manchmal von ihrem Wuchs her ein wenig störrischen Blumen in die Kranzform einzubinden, ohne auf ihre Natürlichkeit zu verzichten. Ich hoffe, daß Ihnen, die Sie die vielen Entwürfe nacharbeiten und so mit Leben erfüllen, meine Kränze und Buketts genauso ans Herz wachsen wie mir.

Bei einer so umfangreichen Arbeit braucht der Designer viele fleißige Hände, die seine Entwürfe dann auch nach seinen Wünschen umsetzen. Allen, die mir bei dem Entstehen meiner Stickereien geholfen und sie in wahrhaft gekonnter Manier ins Bild gesetzt haben, darf ich herzlich danken. Ein besonders liebes Dankeschön möchte ich meiner Frau sagen, die auch beim Erarbeiten dieses Buches mit viel Geduld, Anerkennung und Zuspruch geholfen hat.

Viel Freude bei der Stickarbeit!

Inhalt

Arbeits- und Materialhinweise 5

Muster
Küchenschelle Bukett 12
Küchenschelle Kranz 14
Dotterblume mit Schilfkolben Kranz 16
Dotterblume mit Schilfkolben Bukett 17
Mahonie Kranz 20
Mahonie Bukett 21
Heckenrose Kranz 24
Heckenrose Bukett 26
Stiefmütterchen Kranz 28
Stiefmütterchen Bukett 29
Schwertlilie Kranz 32
Schwertlilie Bukett 34
Margerite Kranz 36
Margerite Bukett 38
Klee Kranz 40
Klee Bukett 41

Zaunwinde Kranz 44
Zaunwinde Bukett 46
Mohn Kranz 48
Mohn Bukett 50
Lein Kranz 52
Lein Bukett 53
Ringelblume Kranz 56
Ringelblume Bukett 58
Erdbeere Bukett 60
Erdbeere Kranz 61
Tollkirsche Kranz 64
Tollkirsche Bukett 65
Kratzbeere Kranz 68
Kratzbeere Bukett 70

Farbenliste der HD-Garne 72

Bezugsquellennachweis 73

Arbeits- und Materialhinweise

Der Kreuzstich

Alle Motive dieses Buches müssen ausgezählt werden. Um mit der immer noch verbreiteten Meinung, auf dem Stoff vorgezeichnete Stickereien seien einfacher zu arbeiten, einmal »aufzuräumen«, sei gesagt, daß es nichts Einfacheres als den ausgezählten Kreuzstich gibt.

Symbole: Jedes Zeichen in der Musterzeichnung bedeutet eine Farbe und auch einen kompletten Kreuzstich. Wenn der verwendete Stoff also fadengerade gewebt ist, entsteht immer eine optimale Wiedergabe der Muster.

Faden und Stoff: Der Kreuzstich für die Muster dieses Buches wird mit einem Faden des Stickgarns über zwei Fäden des Trägerstoffes gestickt. Die Feinheit einiger Entwürfe und die extrem starke Verkleinerung mancher Muster haben es notwendig gemacht, auch halbe Kreuze in Längs- und Querrichtung sowie Steppstiche zu verwenden.

Halbes Kreuz: Wenn Sie also in der Musterzeichnung Symbole finden, die nur das halbe Kästchen ausfüllen (hochkant oder quer), bedeutet dies, daß Sie einen kompletten Kreuzstich ausführen müssen, und zwar bei vertikaler Darstellung über zwei Fäden des Stoffes in der Höhe und einem Faden in der Breite, bei horizontaler Darstellung über zwei Fäden in der Breite und einem Faden in der Höhe.

Steppstich: Der Steppstich wird als »Linienstich« über zwei Fäden oder wie im Muster angegeben gestickt.

Sticktechnik: In aller Regel wird der Kreuzstich im Unterstich von links unten nach rechts oben und im Deckstich von rechts unten nach links oben geführt. Solange man kann, bleibt man dabei in einer Farbe des Garns und führt, soweit dies sinnvoll ist, erst alle Unterstiche in einer Farbe aus und auf dem Rückweg alle Deckstiche. Es ist nicht sinnvoll, mehr als zwei Leerfelder oder Felder mit anderen Farben zu »überspringen«; besonders nicht bei Stickereien auf Gebrauchsmaterialien. Dann müssen Sie einfach das Stickgarn vernähen.

Vernähen: Vor Jahren galt es immer noch als besonders gekonnt, wenn die Rückseite der Stickerei nur gerade Linien zeigte und die vernähten Enden nicht zu sehen waren. Nur sollte man dabei bedenken, daß dieses Aussehen allenfalls zu erzielen ist, wenn in einer Farbe gestickt wird. Bei der hier gezeigten Form der Stickerei läßt dies der häufige Farbwechsel nicht zu. Und vernähen sollten Sie das Stickgarn auch nicht mehr durch »Schlingen« um gestickte Fäden. Bei der Beanspruchung durch Waschmaschinen lösen sich solche Vernähungen auf. Führen Sie das zu vernähende Ende unter drei gestickte Querfäden durch, gehen über einen zurück und wieder unter zwei durch. Dann können Sie das Ende ganz kurz abschneiden, es wird sich nicht auflösen.

Anfang: Ach ja, der verflixte Anfang. Es ist so einfach! Halten Sie während der ersten vier Kreuze ein etwa 10 cm langes Stück des Stickfadens fest, fädeln aus, vernähen wie beschrieben, fädeln ein und sticken weiter.

Stickrahmen: Unterschiedliche Meinungen gibt es auch darüber, ob die Stickerei »aus der Hand« oder in einem Stickrahmen ausgeführt werden sollte. Ich empfehle, mit Stickrahmen zu sticken, sofern der Stoff von der Größe her zu spannen ist. Erstens gewöhnt man sich leichter daran, senkrecht zu sticken (gleichmäßigeres Stickbild), zum anderen gleicht sich so die von Tag zu Tag unterschiedliche Zugstärke der Stickhand aus.

Aufbewahren: Und noch ein Wort zum Aufbewahren angefangener Stickereien. Staub und Luftverunreinigungen führen dazu, daß die Stickerei leicht grau oder sogar schmutzig wird. Schlagen Sie daher nach jedem Sticken den freien Stoff über das Stickbild und verwahren Sie die Stickerei in einer Tüte. Und während des Stickens sollten Sie nach einer Weile immer einmal die Hände waschen, somit »färbt« auch der normale Fingerschweiß nicht ab.

Licht: Für gutes Licht sollten Sie bei der feinen Stickerei immer sorgen. Eine 75-Watt-Birne, möglichst Halogen, als Lichtquelle über die Schulter leuchtend, sollte ausreichen. Bei hellem Trägerstoff legen Sie ein dunkles Tuch auf Ihre Knie, die Bindungen sind so besser zu zählen. Sollten Sie lieber jedes Kreuz komplett aussticken wollen, geht das natürlich auch, allerdings benötigen Sie dazu etwa 35 % mehr Stickgarn.

Langjähriges Sticken bringt Erfahrung. Fassen Sie daher meine Ratschläge als Hilfen für die etwas unerfahrenen Stickerinnen und Sticker auf. Vielen von Ihnen werden die Tips eine Selbstverständlichkeit sein.

Stickanleitung

Waagrechte Reihe: Die Hinreihe bildet die Unterstiche, die Rückreihe die Deckstiche.

Senkrechte Reihe: Die Aufwärtsreihe bildet die Unterstiche, die Abwärtsreihe die Deckstiche.

Beim dreiviertel Kreuz (links) wird der erste Stich nur bis zur Kreuzmitte geführt. Ein halbes Kreuz läuft bei vertikaler Ausführung (Mitte) über zwei Fäden in der Höhe und einem Faden in der Breite, bei horizontaler Ausführung (rechts) über zwei Fäden in der Breite und einem Faden in der Höhe.

Beim versetzten Kreuzstich befinden sich die Spitzen jeweils unter- oder oberhalb, rechts oder links des vorangegangenen Stichs.

Der Steppstich verläuft über zwei Gewebefäden und wird ebenfalls in Hin- und Rückreihen ausgeführt.

Vernähen: Das zu vernähende Ende unter drei gestickte Querfäden hindurchziehen, über einen Querfaden zurückgehen und wieder unter zwei durch.

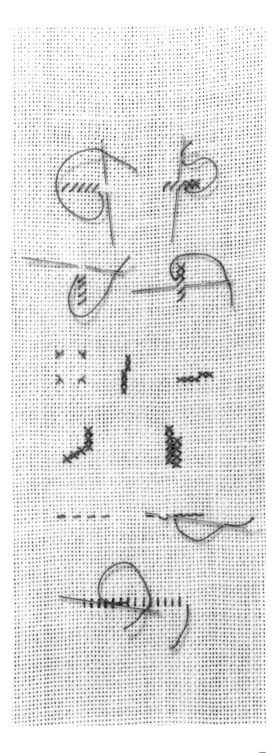

Das Stickgarn

Für einen Designer sind die Stickgarne so wichtig wie die Farben für den Maler. Farbnuancen und Farbabstufungen verändern jedes Bild. Die verbreitete Unsitte, jedem Entwurf gleich die Umsetzung in alle möglichen anderen Farben, sprich Garne, mitzuliefern, kann nur bedeuten, daß der Grundentwurf des Designers nicht zum Besten verfälscht wird, da keine andere Garnpalette gleiche Farbabstufungen hat.

Ich habe mich für die matten, einfädigen HD-Garne der Uhlenhof-Stickereien entschieden, da sie farblich fein abgestuft in weichen, warmen Tönen hervorragende Entwürfe ermöglichen. Außerdem lassen sie ohne Risiko die Verwendung für Verbrauchsmaterialien zu. Natürlich sind einige wenige andere Garnpaletten — matt und einfädig — auf dem Markt. Wenn Sie also andere Garne verwenden wollen, sollten Sie die Anmerkungen zu den Umsetzungen unbedingt beachten.

HD-Garne von Uhlenhof-Stickereien sind laut Herstellerangabe aus 100% reiner ägyptischer Makobaumwolle, sehr gut gezwirnt, was das Sticken doch sehr erleichtert, und indanthren gefärbt. Das heißt, nach einer ersten Wäsche von 60° C ist das Garn farb- und lichtecht. Da alle in diesem Buch verwendeten Materialien die gleiche Waschtemperatur haben, ist das Garn ideal. Achten Sie daher bei anderen Stickgarnen gleicher Stärke darauf, welche Waschangaben der Hersteller macht. Glänzende, merzerisierte Stickgarne, die mehrfädig verstickt werden, lassen die Stickerei selbst bei größter Farbannäherung in der Umsetzung hart erscheinen. Häufig geht die aquarellähnliche Wirkung des Entwurfs verloren.

Bei der Umsetzung richten Sie sich nach den Farbangaben der HD-Garne auf Seite 72 und nach den in diesem Buch gezeigten Abbildungen. Suchen Sie sich für jede angegebene Farbe die Ihrer Meinung nach passendste Ihres Garns heraus. Legen Sie alle Garne, die Sie ausgewählt haben, nebeneinander und kontrollieren Sie, ob die Farben miteinander harmonieren. Wechseln Sie eventuell die nicht passenden aus. Nur so können Sie erreichen, daß Ihre Umsetzung, wenn schon kein getreues Abbild des Entwurfs, wenigstens in sich harmonisch wirkt. Vermeiden Sie Farbbrüche. Stickereien können bei Farbbrüchen »auseinanderfallen«.

Die Nadel

Als Sticknadel verwenden Sie bitte Nadeln der Größe 24 bis maximal 22 ohne Spitze. Nadeln mit Spitze stechen häufig Gewebefäden an. Die Stickerei wirkt dann unschön. Die Fachgeschäfte führen solche Nadeln auch im Einzelverkauf.

Stoffe und Bänder

Alle Entwürfe in diesem Buch sind auf Leinen, reinem Baumwollgewebe oder Baumwollgewebe in Aidabindung gearbeitet. Bei den Leinensorten habe ich Wert darauf gelegt, daß wirklich nur Leinen mit optimaler, quadratischer Webstruktur verwendet wurde. Das gleiche gilt für die Baumwollgewebe. Nur so ist eine hervorragende Wiedergabe der Muster möglich. Stoffe, die nicht quadratisch (Kette und Schuß) gewebt sind, verzerren die Stickerei stark. Stickleinen sollte auch immer gut gezwirnte Leinengarne als Grundlage haben, damit die Verflusung beim Sticken wenigstens stark eingeschränkt wird.

Die im Buch verwendeten Reinleinenbänder von Farbe & Form sind hervorragend gezwirnt und haben damit die beste Eignung als hängende Schmuckbänder, zumal sie von vornherein ein großes Eigengewicht haben.

Sofern Aidabänder gezeigt werden, sind diese ebenfalls ein Produkt von Farbe & Form. Aidabänder können aufgrund ihrer Webstruktur (mehrere Fäden nebeneinander kreuzweise gewebt) nur mit ganzen Kreuzen bestickt werden. Sie verlangen daher entsprechende Entwürfe. Ihre Besonderheit liegt in der geraden Abschluß- und Zierkante. Falls sie aufgenäht werden sollen, nähen Sie bitte in den Zwischenraum. Dadurch entfällt das unschöne Hochstehen der Schlingen bei den gleichartigen Aidabändern nach der Wäsche. Die Aidabänder haben in Kante und Zierstreifen eingewebte Uhlenhof-Garne. So war eine ideale Farbabstimmung möglich. Dies gilt natürlich auch für die Reinleinenbänder.

Wenn Sie andere Stoffe und Bänder verwenden wollen, sollten Sie unbedingt eine Stickprobe machen. Prüfen Sie auch die Faserqualität durch »Anreiben« auf Verflusungsgefahr und lassen Sie sich die Zusammensetzung der Stoffe und deren Waschbarkeit erklären. Durch unterschiedlichen Einsprung bei der Wäsche kann Ihre Stickerei verdorben werden.

Die Schrägbänder sind ebenfalls auf die Stickerei farblich und qualitativ abgestimmt.

Ich weiß, wie ärgerlich es ist, wenn man eine Arbeit so ausführen möchte, wie sie gezeigt wird, und man sucht vergeblich die richtigen Materialien. Hin und wieder fehlt auch die Fachberatung und die Kenntnis um diese Form der zeitgemäßen Stickerei. Ich habe daher Wert darauf gelegt, Ihnen genaueste Angaben zu machen.

Zubehör

Für Zubehör, das nicht im breiten Handel erhältlich ist, habe ich die Bezugsquelle angegeben. Bei den verwendeten Bilderrahmen handelt es sich um Produkte von Müller, Kunst & Rahmen, die Sie ebenfalls bestellen können.

Größe und Umrechnung der Vorlagen

Die gewählten Stoffarten und die vorgegebenen Muster bestimmen die Größe jeder Stickerei. Für die meisten Muster dieses Buches wurde Stickleinen mit 12 Fäden je Zentimeter gewählt, um eine ideale Wirkung zu erzielen. Das Leinen wird nicht gänzlich abgedeckt und so die Leichtigkeit der Stickentwürfe noch unterstrichen.

Ausgehend von diesem Leinen und der Tatsache, daß über zwei Fäden gestickt wird, ergeben sich 6 Kreuze je Zentimeter. Um die Höhe und Breite eines Stickmusters festzustellen, müssen Sie also alle gezeichneten Kästchen in der Höhe und Breite auf einer Linie auszählen. Falls Sie Leinen mit 12 Fäden verwenden, teilen Sie die Summe jeweils durch sechs und erhalten so die zu stickende Höhe und Breite.

Geben Sie bei der Stoffgröße genügend Stoff zu. Nichts ist schlimmer, als einige Zentimeter an Stoff zu sparen und dann mit der Rahmung nicht hinzukommen. Und sticken Sie immer von der Mitte aus! Falten Sie Ihren Stoff zweimal, kniffen die Mitte ein wenig an und beginnen dort mit der Farbe zu sticken, die in der Mitte der Musterzeichnung (Pfeile!) angegeben ist. Dann kann nichts schiefgehen.

Falls Sie anderen Stoff verwenden wollen, stellen Sie die Anzahl der Fäden je Zentimeter fest und rechnen sich so die Größe aus:

Beispiel: Anzahl der gezeichneten Kästchen in Höhe und Breite: 118 x 92

Stoff mit 10 Fäden/cm	12 Fäden/cm	14 Fäden/cm
: 5	: 6	: 7
23,6 x 18,4 cm	19,7 x 15,3 cm	16,9 x 13,1 cm

Daraus folgt, je weniger Fäden pro Zentimeter, um so größer das Motiv und umgekehrt.

Es empfiehlt sich nicht, Stoff mit mehr als 14 Fäden/cm zu verwenden, der Kreuzstich wirkt dann zu dick. Das gleiche gilt für Stoff mit weniger als 9 Fäden/cm, hier wirkt der Stoff zu durchscheinend. Allerdings kann man bei gröberen Stoffen mit zwei Fäden sticken.

Aufbereitung und Wäsche

Nach Beendigung der Stickerei sprühen Sie diese, wenn sie gerahmt werden soll, rückseitig mit einer guten Reissprühstärke ohne chemische Beimittel ein und bügeln sie auf einer weichen Unterlage von der Rückseite trocken. Die Bildseite sollten Sie nur auf den freien Stoffflächen bügeln.

Sollte Waschen notwendig sein, oder weil es Gebrauchsartikel sind, müssen Sie die Stickerei beim ersten Mal mit 60° C unter eventueller Verwendung von Waschmitteln ohne optische Aufheller waschen. Dann sind die Farben fixiert. Danach ist von Kaltwäsche bis Kochen — sofern es das Trägermaterial zuläßt — jede Waschart möglich.

Bei Rahmungen verwenden Sie niemals Mattglas. Die Stickerei würde verwaschen wirken. Gerahmte Stickerei sollten Sie in jedem Fall mit Glas schützen, damit unsere »angereicherte« Luft Ihre wertvolle Arbeit nicht zu früh ergrauen läßt. Und setzen Sie sie nie direktem Sonnenlicht aus, sofern die Stickerei nicht vorher fixiert wurde, sie bleicht aus.

Die Muster

Alle in diesem Buch gezeigten Muster sind auf den Seiten 73 - 78 einzeln aufgeführt. Die Vielzahl der Verwendungsmöglichkeiten aufzuzählen oder anhand von Bildern zu zeigen, würde den Rahmen dieses Buches sicher sprengen. Der Phantasie der Stickerinnen und Sticker sind dabei keine Grenzen gesetzt.

Neben den gezeigten Bildern — die in der Kombination von Kranz und Bukett schon allein bereits äußerst dekorativ sind — werden viele weitere Verwendungsmöglichkeiten gezeigt, die das Heim und das tägliche Leben verschönern können.

Und selbstverständlich können Sie auch Teile aus den Kränzen und Buketts »herausnehmen« und die Einzelblüten für kleine Stickereien oder Grußkarten verwenden. Vergessen Sie nicht, daß jede liebevoll gearbeitete Stickerei als Geschenk der schönste und haltbarste Blumenstrauß ist.

Küchenschelle Bukett

Küchenschelle Kranz

Dotterblume mit Schilfkolben Kranz (Bild Seite 18)

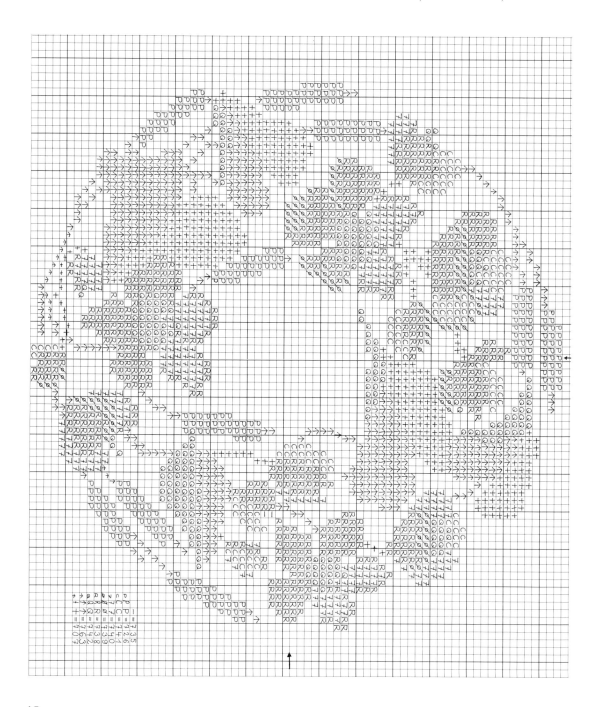

Dotterblume mit Schilfkolben Bukett (Bild Seite 19)

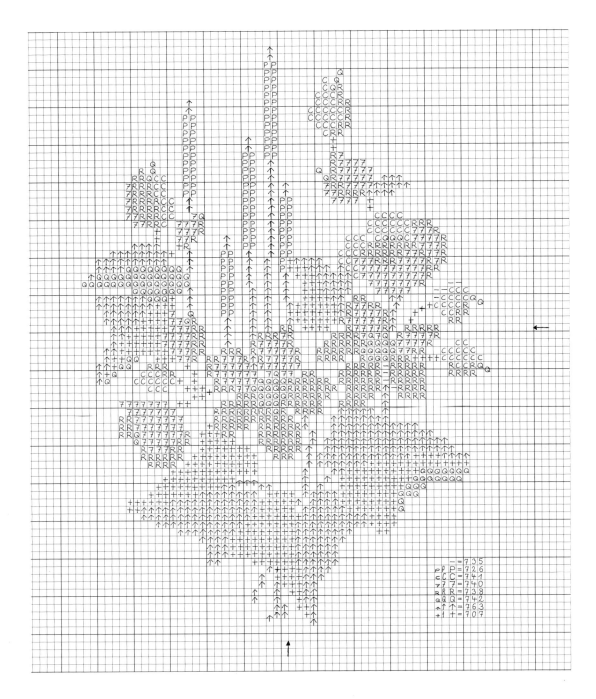

Mahonie Kranz (Bild Seite 22)

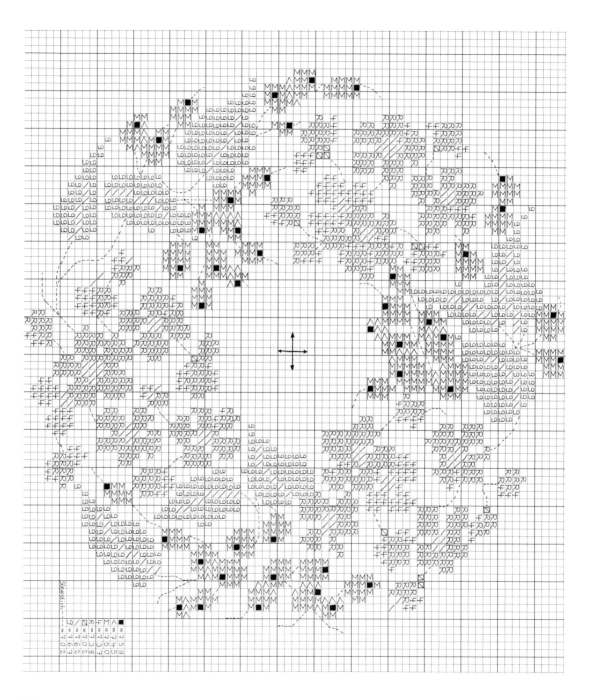

20

Mahonie Bukett (Bild Seite 23)

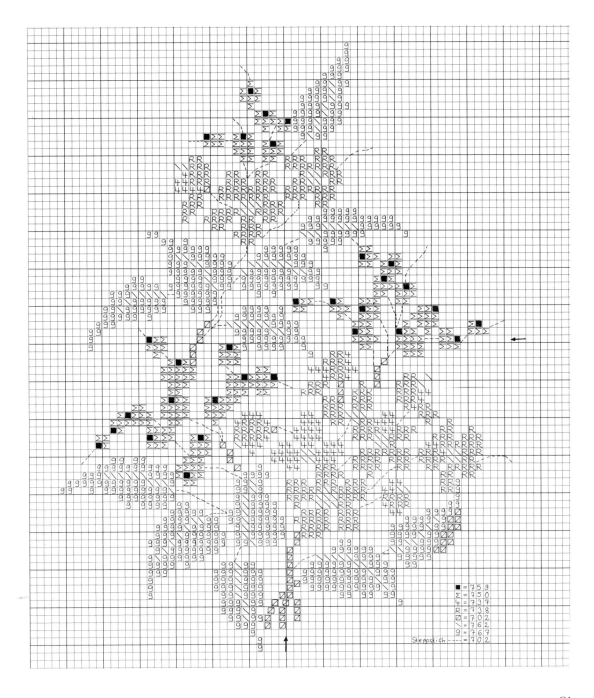

Heckenrose Kranz

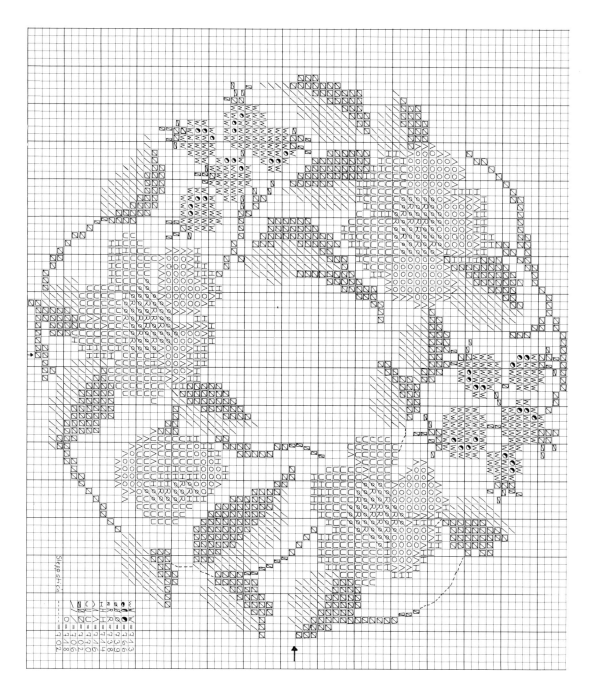

24

Heckenrose Bukett

Stiefmütterchen Kranz (Bild Seiten 30/31)

Stiefmütterchen Bukett (Bild Seiten 30/31)

Schwertlilie Kranz (Bild Seiten 33 und 35)

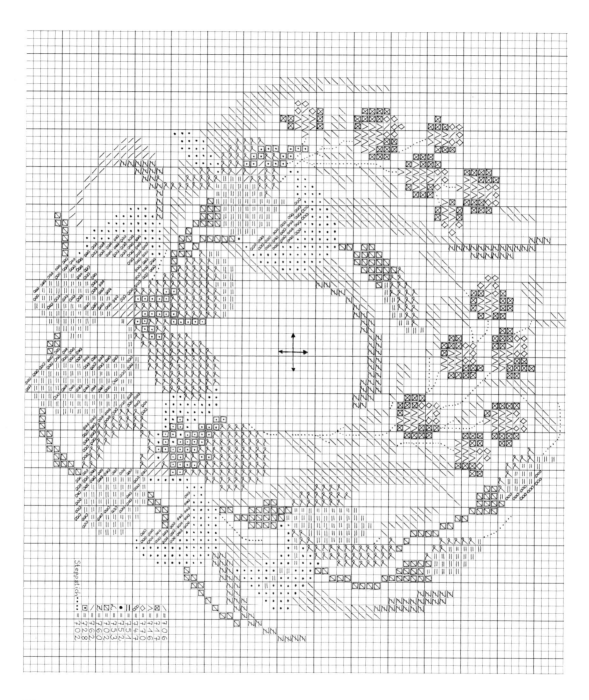

Schwertlilie Bukett

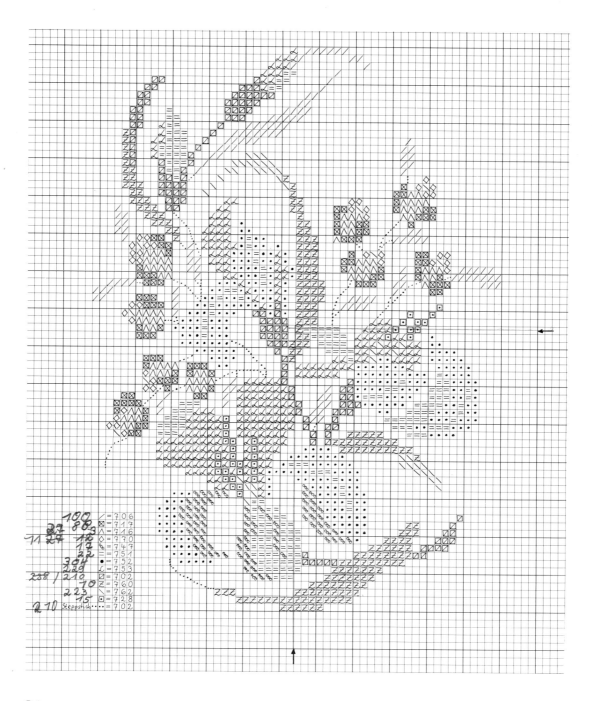

Margerite Kranz

Margerite Bukett

Klee Kranz (Bild Seiten 42/43)

Klee Bukett (Bild Seite 43)

Zaunwinde Kranz

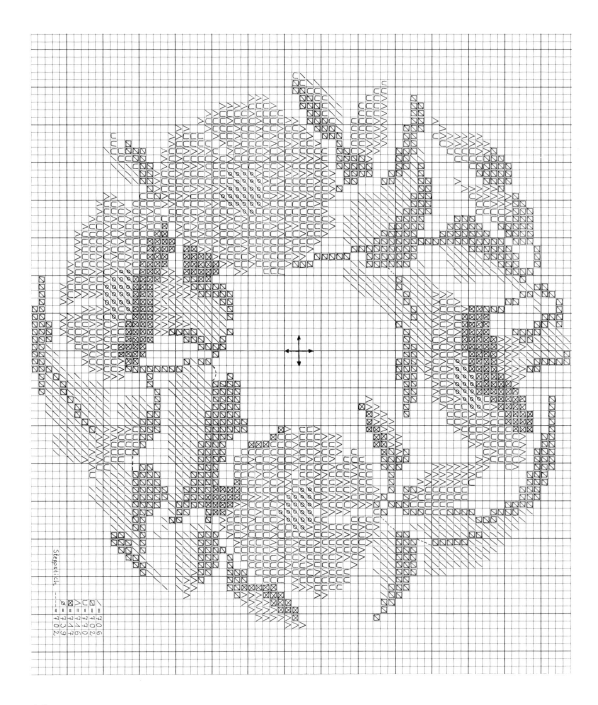

Zaunwinde Bukett

Mohn Kranz

Mohn Bukett

50

Lein Kranz (Bild Seite 54)

Lein Bukett (Bild Seite 55)

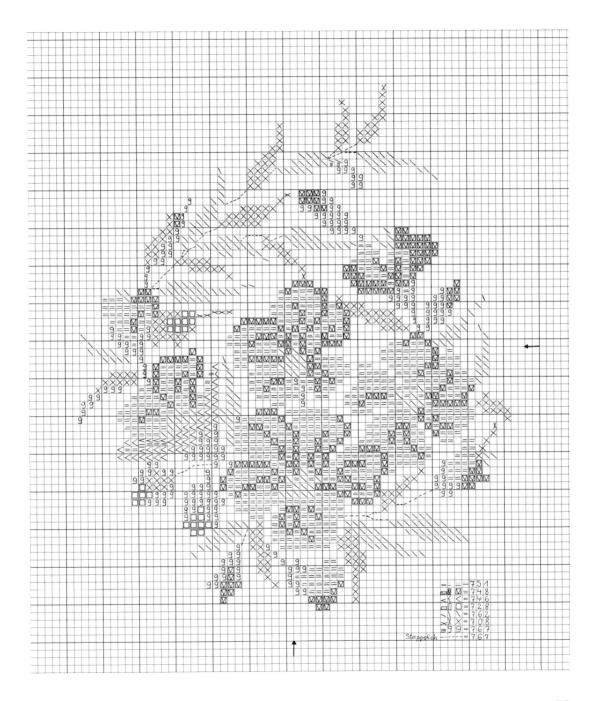

Ringelblume Kranz

56

Ringelblume Bukett

Erdbeere Bukett (Bild Seiten 62/63)

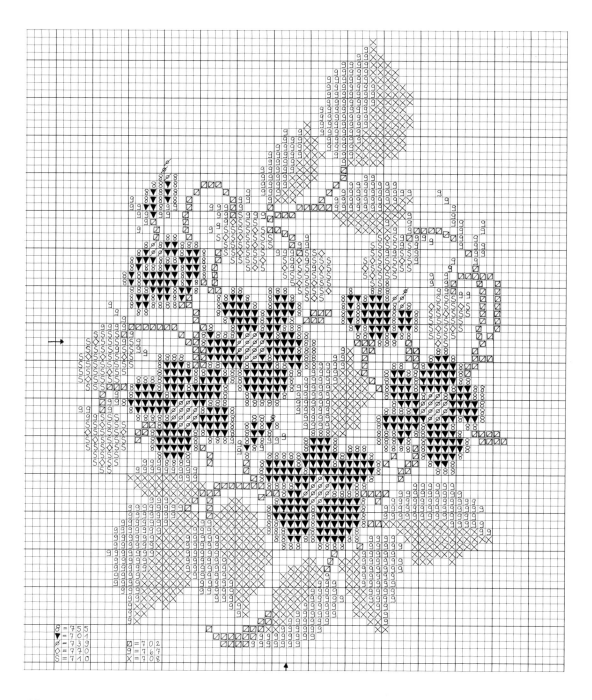

Erdbeere Kranz (Bild Seite 63)

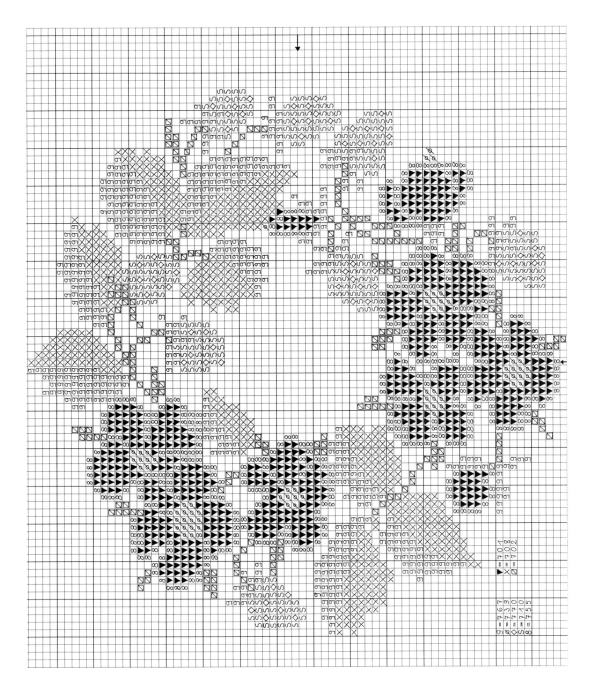

Tollkirsche Kranz (Bild Seite 66)

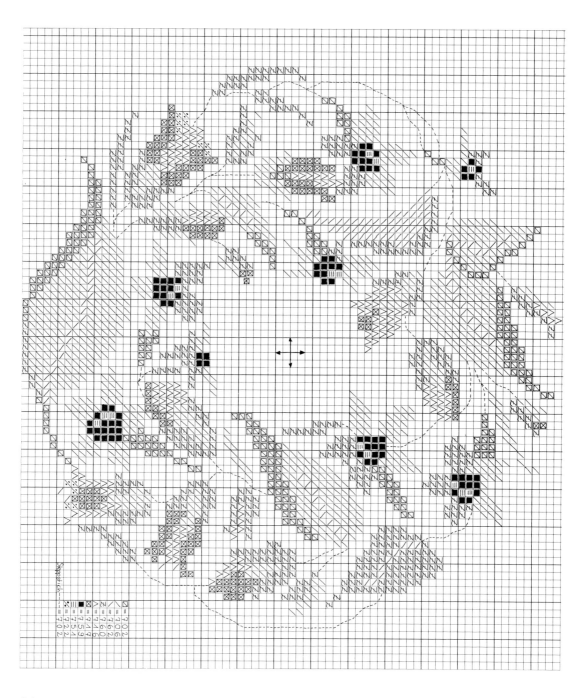

Tollkirsche Bukett (Bild Seite 67)

Kratzbeere Kranz

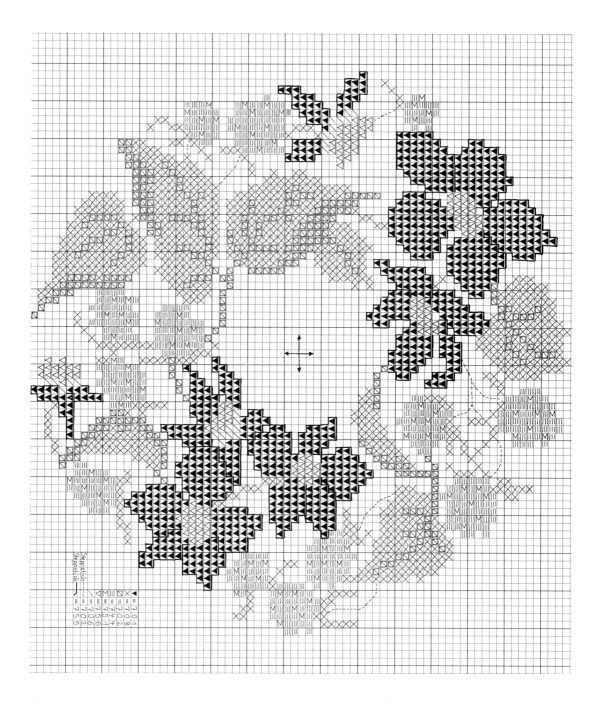

Kratzbeere Bukett

Farbenliste der HD-Garne von Uhlenhof-Stickereien

HF

0 – 700	Natur
600 – 701	Weiß
210 – 238 – 702	Dunkelgrün
40 – 703	Hellgrün
101 – 704	Leuchtendgrün
8 – 705	Blaugrün
100 – 706	Graugrün, hell
237 – 707	Helloliv
10 – 708	Mittelgrün
505 – 709	Maigrün
411 – 710	Weihnachtsrot
97 – 711	Weihnachtsrot, hell
86 – 712	Orangerot, dunkel
500 – 713	Orangerot, hell
503 – 714	Orangerot, mittel
2 – 715	Lilarot, hell
3 – 716	Lilarot, mittel
88 – 717	Lilarot, dunkel
69 – 718	Rosa
5 – 719	Flieder, dunkel
234 – 720	Lila
37 – 721	Blaulila, hell
205 – 722	Blaulila, dunkel
11 – 723	Flieder, hell

HF

37 – 724	Pink
216 – 725	Schwarzbraun
29 – 726	Dunkelbraun
216 – 727	Mittelbraun
15 – 728	Hellbraun
214 – 729	Rotbraun
54 – 730	Braunorange
95 – 731	Dunkelorange
93 – 732	Orange, mittel
504 – 733	Mandarine
6 – 734	Grünbeige
203 – 735	Beige
7 – 736	Hellbeige
53 – 737	Hellorange
48 – 738	Goldgelb
236 – 739	Mattgelb
123 – 740	Hellgelb
31 – 741	Blaßgelb
26 – 742	Gelbgrün
510 – 743	Helltürkis
202 – 744	Dunkelblau
23 – 745	Königsblau
228 – 746	Türkisblau
17 – 747	Königsblau, hell

HF

17 – 748	Türkisblau, hell
226 – 749	Dunkeltürkis
21 – 750	Graublau, hell
22 – 751	Mattblau, dunkel
304 – 752	Mattblau, mittel
229 – 753	Mattblau, hell
222 – 754	Graubeige
7 – 755	Graubeige, hell
20 – 756	Blaugrau
35 – 757	Mittelgrau
147 – 758	Grüngrau
240 – 759	Schwarz
10 – 760	Graugrün, mittel
4 – 761	Weinrot
223 – 762	Graugrün, zart
206 – 763	Dunkeloliv
32 – 764	Mittelgrau, dunkel
302 – 765	Hellgrau
113 – 766	Lachs
100 – 767	Waldgrün
33 – 768	Himmelblau, hell
250 – 769	Hautton
12 – 770	Hellrosa

Bezugsquellen

Die Hersteller senden Ihnen auf Anfrage einen Bezugsquellennachweis oder leiten Ihre Bestellung an das nächstgelegene Fachgeschäft weiter.

Muster	Seite	Stoffe/Zubehör	Hersteller/Lieferant
Küchenschelle Bukett	12	Leinen 12 F, creme	1 + 2
		Passepartout 24 x 30 cm, dunkelgrün	1 + 2
		Rahmen 24 x 30 cm, Echtholz Palisander	1 + 2
Küchenschelle Bukett		Leinenband 11 F, creme, 12 cm, farbige Kante 723	2
		Satinband	1 + 2
Küchenschelle Kranz	14	Leinen 12 F, creme	1 + 2
		Passepartout 30 x 30 cm, dunkelgrün	1 + 2
		Rahmen 30 x 30 cm, Echtholz Palisander	1 + 2
Küchenschelle Kranz auf Tischläufer		Läuferleinen 12 F, meliert Maße ca. 35 x 90 cm,	1 + 2
		Schrägband lila	1 + 2
Dotterblume Kranz	16	Leinen 12 F, naturroh	1 + 2
		Passepartout 30 x 30 cm, oliv	1 + 2
		Rahmen 30 x 30 cm, Echtholz Palisander	1 + 2
Dotterblume Kranz auf Kaffeemütze		Leinen 12 F, naturroh Maße ca. 40 x 35 cm	1 + 2
		Schrägband grün	1 + 2
Dotterblume Bukett	17	Leinen 12 F, naturroh	1 + 2
		Passepartout 24 x 30 cm, oliv	1 + 2
		Rahmen 24 x 30 cm, Echtholz Palisander	1 + 2
Dotterblume Bukett auf Tischläufer		Leinen 12 F, naturroh Maße ca. 40 x 90 cm	1 + 2
		Schrägband grün	1 + 2

Muster	Seite	Stoffe/Zubehör	Hersteller/Lieferant
Mahonie Kranz	20	Leinen 12 F, creme	1 + 2
		Passepartout 30 x 30 cm, blau	1 + 2
		Rahmen 30 x 30 cm, Leiste 5, schwarzblau	1 + 2
Mahonie Kranz auf Runddecke		Leinen 12 F, creme Durchmesser 100 cm	1 + 2
		Schrägband blau	1 + 2
Mahonie Bukett	21	Leinen 12 F, creme	1 + 2
		Passepartout 24 x 30 cm, blau	1 + 2
		Rahmen 24 x 30 cm, Leiste 5, schwarzblau	1 + 2
Mahonie Bukett im Stickrahmen		Leinen 12 F, creme	1 + 2
Heckenrose Kranz	24	Leinen 12 F, creme	1 + 2
		Passepartout 30 x 30 cm, hellgrün	1 + 2
		Rahmen 30 x 30 cm, Leiste 5, weinrot	1 + 2
Heckenrose Kranz auf Kissen		Leinen 12 F, creme Maße 40 x 40 cm	1 + 2
Heckenrose Bukett	26	Leinen 12 F, creme	1 + 2
		Passepartout 24 x 30 cm, hellgrün	1 + 2
		Rahmen 24 x 30 cm, Leiste 5, weinrot	1 + 2
Heckenrose Bukett auf ovaler Dose		Leinen 12 F, creme Karton- oder Holzdose	1 + 2
Stiefmütterchen Kranz	28	Leinen 12 F, creme	1 + 2
		Passepartout 30 x 30 cm, hellblau	1 + 2
		Rahmen 30 x 30 cm, Leiste 5, schwarzblau	1 + 2
Stiefmütterchen Kranz auf Tischdecke		Leinen 10,5 F, creme Maße 70 x 70 cm	1 + 2
		Schrägband gelb	1 + 2
Stiefmütterchen Bukett	29	Leinen 12 F, creme	1 + 2
		Passepartout 24 x 30 cm, hellblau	
		Rahmen 24 x 30 cm, Leiste 5, schwarzblau	1 + 2

Muster	Seite	Stoffe/Zubehör	Hersteller/Lieferant
Stiefmütterchen Bukett auf Brotkorbdecke		Leinen 12 F, creme 2 runde Deckchen nach Korbgröße, an einer Stelle verbunden, Schrägband grün	1 + 2 1 + 2
Schwertlilie Kranz	32	Leinen 12 F, creme Passepartout 30 x 30 cm, hellgrün Rahmen 30 x 30 cm, Leiste 5, taubenblau	1 + 2 1 + 2 1 + 2
Schwertlilie Kranz auf Schleifenband		Leinenband 11 F, 18 cm, creme, als separate Schleife mit untergesetztem Mittelteil Satinbänder	2 2
Schwertlilie Bukett	34	Leinen 12 F, creme Passepartout 24 x 30 cm, hellgrün Rahmen 24 x 30 cm, Leiste 5, taubenblau	1 + 2 1 + 2 1 + 2
Schwertlilie Bukett auf Tischläufer		Läuferleinen 12 F, creme Maße ca. 35 x 80 cm Schrägband hellblau	1 + 2 1 + 2
Margerite Kranz	36	Leinen 12 F, naturroh Passepartout 30 x 30 cm, dunkelgrün Rahmen 30 x 30 cm, Leiste 5, weinrot	1 + 2 1 + 2 1 + 2
Margerite Kranz auf Tablettdeckchen		Leinen 12 F, naturroh Größe nach Tablett Schrägband 637	1 + 2 1 + 2
Margerite Bukett	38	Leinen 12 F, naturroh Passepartout 24 x 30 cm, dunkelgrün Rahmen 24 x 30 cm, Leiste 5, weinrot	1 + 2 1 + 2 1 + 2
Margerite Bukett auf Schleife		Leinenband, creme, 18 cm Randfarbe 760 Satinband	2 1 + 2
Klee Kranz	40	Leinen 12 F, creme Passepartout 30 x 30 cm, hellgrün Rahmen 30 x 30 cm, Echtholz Palisander	1 + 2 1 + 2 1 + 2
Klee Kranz auf Tischläufer		Läuferleinen 12 F, creme Maße ca. 35 x 100 cm Schrägband grün	1 + 2 1 + 2

Muster	Seite	Stoffe/Zubehör	Hersteller/Lieferant
Klee Bukett	41	Leinen 12 F, creme	1 + 2
		Passepartout 24 x 30 cm, hellgrün	1 + 2
		Rahmen 24 x 30 cm, Echtholz Palisander	1 + 2
Klee Bukett Einzelblüte auf Serviette und Serviettentasche		Baumwolle 10 F, naturfarben Fertigartikel	1 + 2
		Stoffe und Schrägbänder	1 + 2
Zaunwinde Kranz	44	Leinen 12 F, creme	1 + 2
		Passepartout 30 x 30 cm, dunkelgrün	1 + 2
		Rahmen 30 x 30 cm, Leiste 5, weinrot	1 + 2
Zaunwinde Kranz auf Tischband		Leinenband 18 cm, creme Kantenfarbe 716, 75 cm lang	2
Zaunwinde Bukett	46	Leinen 12 F, creme	1 + 2
		Passepartout 24 x 30 cm, dunkelgrün	1 + 2
		Rahmen 24 x 30 cm, Echtholz Palisander	1 + 2
Zaunwinde Bukett auf Schleife		Leinenband, creme, 18 cm Kantenfarbe 716	2
		Satinband	1 + 2
Mohn Kranz	48	Leinen 12 F, ecru	1 + 2
		Passepartout 30 x 30 cm, hellgrün	1 + 2
		Rahmen 30 x 30 cm, Echtholz Vogel-augenahorn hell	1 + 2
Mohn Kranz auf Tischdecke		Leinen 10,5 F, natur, 70 x 70 cm	1 + 2
		Schrägband rot	1 + 2
Mohn Bukett	50	Leinen 12 F, ecru	1 + 2
		Passepartout 24 x 30 cm, hellgrün	1 + 2
		Rahmen 24 x 30 cm, Echtholz Vogel-augenahorn hell	1 + 2
Mohn Bukett auf Kissen		Leinen 12 F, ecru Kissen 40 x 40 cm	1 + 2
		Paspel mit rotem Schrägband	1 + 2
Lein Kranz	52	Leinen 12 F, weiß	1 + 2
		Passepartout 30 x 30 cm, hellblau	1 + 2
		Rahmen 30 x 30 cm, Leiste 5, taubenblau	1 + 2

Muster	Seite	Stoffe/Zubehör	Hersteller/Lieferant
Lein Kranz auf Kissen		Leinen 12 F, weiß Maße ca. 40 x 40 cm	1 + 2
Lein Bukett	53	Leinen 12 F, weiß Passepartout 24 x 30 cm, hellblau Rahmen 24 x 30 cm, Leiste 5, taubenblau	1 + 2 1 + 2 1 + 2
Lein Bukett auf Nackenrolle		Leinen 12 F, weiß Einfassung Satinband	1 + 2 1 + 2
Ringelblume Kranz	56	Leinen 12 F, ecru Passepartout 30 x 30 cm, hellgrün Rahmen 30 x 30 cm, Echtholz Vogelaugenahorn hell	1 + 2 1 + 2 1 + 2
Ringelblume Kranz auf Wäschesack		Leinen 10,5 F, creme Wäschesack 55 x 60 cm, blaue Durchzugkordel, Durchzug aus Schrägband blau	1 + 2 1 + 2
Ringelblume Bukett	58	Leinen 12 F, ecru Passepartout 24 x 30 cm, hellgrün Rahmen 24 x 30 cm, Echtholz Vogelaugenahorn hell	1 + 2 1 + 2 1 + 2
Ringelblume Bukett auf Überschlaghandtuch		Leinen 12 F, ecru Maße 110 x 52 cm Schrägband gelb	1 + 2 1 + 2
Erdbeeren Bukett	60	Leinen 12 F, ecru Passepartout 24 x 30 cm, dunkelgrün Rahmen 24 x 30 cm, Echtholz Vogelaugenahorn hell	1 + 2 1 + 2 1 + 2
Erdbeeren Bukett auf Tischläufer		Läuferleinen 12 F, creme Maße ca. 35 x 90 cm Schrägband grün	1 + 2 1 + 2
Erdbeeren Kranz	61	Leinen 12 F, ecru Passepartout 30 x 30 cm, dunkelgrün Rahmen 30 x 30 cm, Echtholz Vogelaugenahorn hell	1 + 2 1 + 2 1 + 2
Erdbeeren Kranz auf Platzdeckchen		Leinen 12 F, ecru Durchmesser nach Platzteller Schrägband grün	1 + 2 1 + 2

Muster	Seite	Stoffe/Zubehör	Hersteller/ Lieferant
Tollkirsche Kranz	64	Leinen 12 F, weiß	1 + 2
		Passepartout 30 x 30 cm, dunkelgrün	1 + 2
		Rahmen 30 x 30 cm, Leiste 5, weinrot	1 + 2
Tollkirsche Kranz auf Tablettdeckchen		Leinenband 11 F, creme, 18 cm	2
		Länge je nach Tablett, quergefaßt durch Kreuzstich in HD 716, ausgefranst	1
Tollkirsche Bukett	65	Leinen 12 F, weiß	1 + 2
		Passepartout 24 x 30 cm, dunkelgrün	1 + 2
		Rahmen 24 x 30 cm, Leiste 5, weinrot	1 + 2
Tollkirsche Bukett auf Fotoalbum		Leinen 12 F, weiß	1 + 2
		Fotoalbum	
Kratzbeere Kranz	68	Leinen 12 F, ecru	1 + 2
		Passepartout 30 x 30 cm, hellgrün	1 + 2
		Rahmen 30 x 30 cm, Leiste 5, grün	1 + 2
Kratzbeere Kranz auf Kissen		Leinen 12 F, ecru	1 + 2
		Kissen 40 x 40 cm	
		Paspel-Schrägband grün 637	1 + 2
Kratzbeere Bukett	70	Leinen 12 F, ecru	1 + 2
		Passepartout 24 x 30 cm, hellgrün	1 + 2
		Rahmen 24 x 30 cm, Leiste 5, grün	1 + 2
Kratzbeere Bukett auf Beutel		Leinen 12 F, ecru	1 + 2
		Maße 45 x 35 cm	
		Paspel-Schrägband 637	1 + 2
		Grüne Kordel	

1 = Uhlenhof-Stickereien GmbH & Co. KG
Diekstraat 7
2432 Kabelhorst
Telefon 0 43 63 / 28 00
Fax: 0 43 63 / 31 96

2 = Farbe & Form
Gesellschaft für textiles Design mbH
Habichtshorst 9 a
2360 Bad Segeberg
Telefon 0 45 51 / 8 45 50

In Frankreich/en France

La Trouvaille
Mme. H. Lehmann
13, Rue de Carnot
F-13210 St. Remy de Provence
Telefon 90925058

Kurt A. Bernecker stickt seit seinem achten Lebensjahr ausschließlich Kreuzstich. Auch während seiner den künstlerischen Neigungen konträren beruflichen Laufbahn in der Verwaltung ließ ihn die Liebe zum Sticken nie los. Heute ist er freier Designer. Die Breite seines Schaffens reicht von der nahezu naturgetreuen Wiedergabe aus Flora und Fauna bis zum modernen Entwurf, bei dem Farben und Formen dominieren.

Uhlenhof-Stickmuster
Uhlenhof-HD-Stickgarne
Uhlenhof-Stickpackungen
Ein ganzes Programm rund um den Kreuzstich

Fordern Sie Bezugsquellennachweise an.
Bestellungen leiten wir an das zuständige Fachgeschäft weiter.
Uhlenhof-Stickereien GmbH & Co. KG, D-2432 Kabelhorst

- Hochwertige Auszählstoffe aus Leinen und Baumwolle
- Leinen-, Baumwoll- und Schmuckbänder
- Passepartouts und Stickzubehör
- Arbeitspackungen
- Sonderanfertigungen

Ihr Lieferant für den creativen Kreuzstich

Wir versenden auf Anfrage Bezugsquellennachweis oder leiten Ihren Auftrag an das nächstgelegene Fachgeschäft weiter.

Farbe & Form
Gesellschaft für textiles Design mbH
Habichtshorst 9 a
D-2360 Bad Segeberg